U0580688

营销师必须力争做到优秀，
因为他们正是广阔销路的开辟者

每天10分钟，
深度解析市场营销

A　　Z

营销师
必知的
概念

[泰] 丹荣·皮昆　著

万雅颂　译

中国科学技术出版社
·北　京·

北京市版权局著作权合同登记　图字：01-2020-4979。

图书在版编目（CIP）数据

　　每天 10 分钟，深度解析市场营销 /（泰）丹荣·皮昆著；
万雅颂译 . —北京：中国科学技术出版社，2020.11
　　书名原文：Marketing Know+How
　　ISBN 978-7-5046-8864-4

　　I. ①每… II. ①丹… ②万… III. ①市场营销学 IV. ① F713.50

中国版本图书馆 CIP 数据核字（2020）第 206377 号

策划编辑	田　睿　　陈昱蒙	**责任编辑**	申永刚
封面设计	马筱琨	**正文排版**	锋尚设计
责任校对	吕传新	**责任印制**	李晓霖

出　　版	中国科学技术出版社
发　　行	中国科学技术出版社有限公司发行部
地　　址	北京市海淀区中关村南大街 16 号
邮　　编	100081
发行电话	010-62173865
传　　真	010-62173081
网　　址	http://www.cspbooks.com.cn

开　　本	787mm×1092mm　1/32
字　　数	100 千字
印　　张	5.5
版　　次	2020 年 11 月第 1 版
印　　次	2020 年 11 月第 1 次印刷
印　　刷	北京盛通印刷股份有限公司
书　　号	ISBN 978-7-5046-8864-4/F·907
定　　价	59.00 元

目　录

市场营销

绪论

营销师指从事市场分析、开发研究，为企业生产经营决策提供咨询，进行产品宣传促销的人员。

优秀营销师

与普通营销师的区别，

在于其是否能提出

创造性想法。

"创造性想法"

你若想一探"创造性想法"的究竟，可以去问问那些常用创造性思维解决问题的人。人类大脑的前额叶负责创造性思维，人人皆可充分发挥自己的想象力，从而激发创造力。

每天10分钟，深度解析市场营销

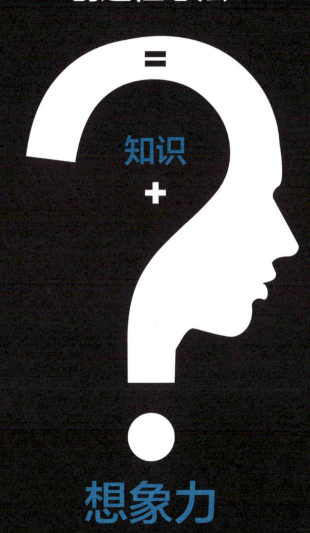

"创造性想法"

=

知识

+

想象力

品牌标识

品牌独一无二　　　形式千变万化

营销

每天10分钟，深度解析市场营销

不同品牌旗下的

商品各有不同。

出现这种现象，

是因为营销师

有意为之吗？

还是说，

它只是偶然地

产生了？

营销

如果某营销师

在营销方面耗尽心血，

只得来个

花费巨大

却颗粒无收的结果，

那么

他一定是一个

糟糕的营销师。

顾客不买账的理由

可能有

千千万万个。

但他们

买东西的理由

通常只有一个。

那 就 是

"折服于

营销师的

才华"。

营销

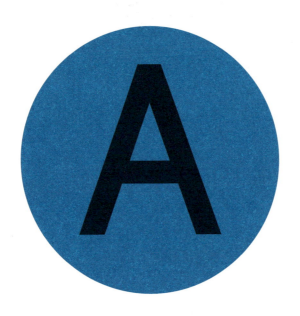

知名品牌

每天10分钟，深度解析市场营销

就品牌战略而言，

A级品牌与Z级品牌

究竟有何不同？

本书中

A级品牌 = 知名品牌

Z级品牌 = 冷门品牌

为什么质量很好的商品没人买？

为什么你只能时不时地卖出去一些出色的商品？

为什么劣质商品反倒大卖特卖？

为什么价格实惠的商品没人买？

为什么人们愿意排长队，一掷千金买下某些商品？

为什么有人卖的商品价格不菲，还能让买家心甘情愿地排队购买？

在市集上确实能卖出去很多商品，但是获利高吗？

明明奢侈品店位于市中心，为什么还是卖不出去商品？

与薄利多销的商品相比，每月仅售出一次的昂贵商品能带来更多

利润吗？

为什么iPhone保护套和平板电脑保护套一类的商品，其标价能高达

数十美元？

下一个大卖的商品是什么？它的热度又将持续多久？

过气商品还会热卖吗？

为什么有些手机品牌的销量会一落千丈？

为什么便宜的包反而卖不过那些昂贵的包？

商品之间的差别究竟在哪里？

你的营销计划中有什么不妥之处？

已问世四十余年的营销书籍依然有参考价值吗？

降价策略就是市场营销策略的全部吗？

为什么人们会选择下载电子书，而不是购买实体书？

为什么某些商品没有营销计划，却依然能大卖特卖？

为什么有些商品只有在搞促销时才能卖得出去？

明明是同样的东西，为什么其中有的是奢侈品，有的却不是？

为什么有些人只买大品牌的包？

品牌发展方向
营销罗盘

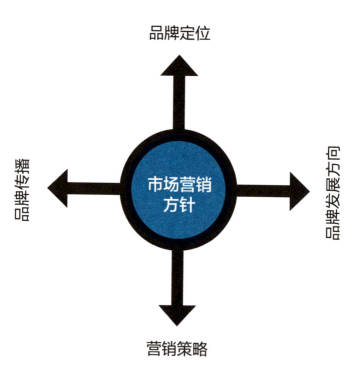

品牌定位

品牌传播

市场营销
方针

品牌发展方向

营销策略

每天10分钟，深度解析市场营销

创意

决定

品牌

影响力

1）提升目标客户群心目中的品牌知名度。

2）增加销量。

3）培养品牌忠诚度。

市场营销策略

市场营销策略
就像一个家庭中的"父亲"。

父亲通常肩负着较多的责任。这一角色的作用与市场营销策略十分相似，即在关注品牌的具体细节之前，首先要考虑全局和总体规划。

市场营销策略
等于优秀的策划者加上优秀的计划。

不论选择哪种策略，市场渗透
也好，市场开发也罢，都需要品牌
战略为其支撑。

品牌战略

品牌战略
就像一个家庭中的"母亲"。

母亲通常处理家庭中的细节。品牌战略的作用与这一角色十分相似，它会将市场营销策略深化至另一层次，也就是对细节的把控。一个家庭中，通常是妈妈琢磨怎么打扮孩子。

品牌战略也是如此。当"父亲"（市场营销策略）提出一个粗略的想法之后，"母亲"（品牌战略）就开始进行具体的产品外观设计工作了。

产品就是"营销家庭"中的"孩子"。

如果"父亲"规定要蓝色的外观，那"母亲"就会让"孩子"穿上蓝色的"衣服"。

什么样式的"衣服"都可以，只要是蓝色的就行。

营销
知识

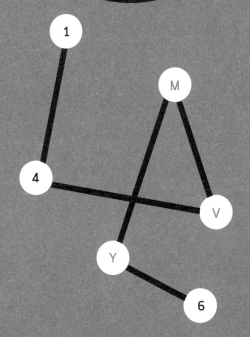

1 市场反应 和消费者反应

市场反应

品牌塑造和**卖出产品**完全是两码事。

提升**品牌知名度**，其实就是尽早让消费者对品牌有个印象。

消费者在知道该品牌的那一刻，不一定有购买需求。

所以，提升**品牌知名度**不一定会立竿见影地拉动销量增长，但至少能让消费者知道这个牌子的存在。

消费者反应

时机合适时，潜在消费者就会转化为现实消费者。哪个品牌最先在消费者脑海中出现，消费者就会买哪个品牌的产品（这就是消费者脑海中的品牌意识)。

品牌 知名度	销量

市场 反应	消费者 反应

2 潜在需求

潜在目标消费者

所有营销师都需将一点铭记在心：消费者可以被分为很多种类型，但其中消费能力与产品价位最相符的那一类消费者才最值得营销师费心。

品牌推广会让很多消费者知道这个品牌的存在，但有潜在需求的那一部分消费者才能真正带来销量。例如，有人能负担得起五星级酒店每晚1500美元的价格，也有人只能负担得起普通酒店每晚100～499美元的价格，只不过前者人数更少一些。

酒店住宿的潜在需求

24%的人

愿意花1000美元
在酒店住一晚

1%
的人

愿意花
2500美元
在酒店
住一晚

75%的人

愿意花100~499美元
在酒店住一晚

潜在消费者

营销师们关注产品的

"潜在消费者"。

所以，"利基市场①营销"

应运而生。

要根据产品销量和营销成本

制定营销预算。

有时在营销上一掷千金，

产品却销量甚微；

有时在营销上花销很小，

产品却大卖特卖。

---

① 利基市场，是指在较大的细分市场中具有相似兴趣或需求的
一小群消费者所占有的市场空间。——译者注

有些人不是某产品的真正受众。
所以在做市场营销时，
选择目标市场十分重要。

一些机智的营销师
已证实和获悉了产品的用户
和非用户的行为特点，
那他们可以
以此作为营销的侧重点，
并制定营销预算。

这样一来，他们就能吸引到
真正的消费者。

对于仅在市中心有售的美容产品，其消费者定位如下。

广义潜在消费者

意向消费者

某国所有女性。
年龄、生活城市
不限。

18～22岁的
女性大学生。

目标消费者群体

18～22岁的女性大学生，居住在城市集群区（也称城市带、都会区——译者注）。

有潜在需求的目标消费者群体

18～22岁的女性大学生，居住在城市集群区，其月收入不低于1000美元。

狭义的潜在消费者群体

18～22岁的女性大学生，居住在城市集群区，其月收入不低于1000美元，并且舍得在美容产品上花钱。

3 消费者购买行为

消费者购买行为定义

消费者购买行为也称消费者行为,是消费者围绕购买生活资料所发生的一切与消费相关的个人行为。消费者购买行为包括从需求动机的形成到购买行为的发生,直至购买后感受总结,购买或消费过程中所展示的心理活动、生理活动及其他实质活动。

影响消费者购买行为的因素

消费者市场是一个人数众多的市场,因此,影响消费者购买行为的因素很多。消费者购买行为的产生一般取决于五个因素:产品质量、产品试用体验、产品差异、产品内涵和产品外观。

消费者

何时才会购买

产品？

消费者购买产品的理由

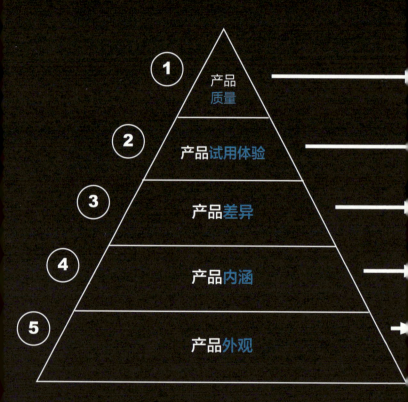

① 产品质量

② 产品试用体验

③ 产品差异

④ 产品内涵

⑤ 产品外观

消费原因

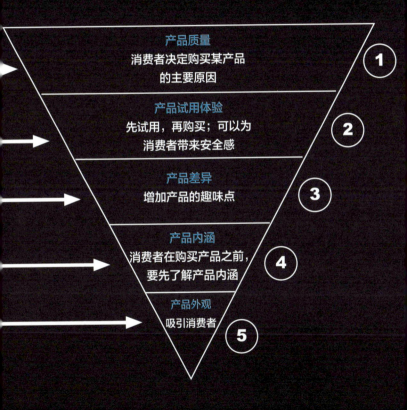

产品质量
消费者决定购买某产品
的主要原因
①

产品试用体验
先试用，再购买；可以为
消费者带来安全感
②

产品差异
增加产品的趣味点
③

产品内涵
消费者在购买产品之前，
要先了解产品内涵
④

产品外观
吸引消费者
⑤

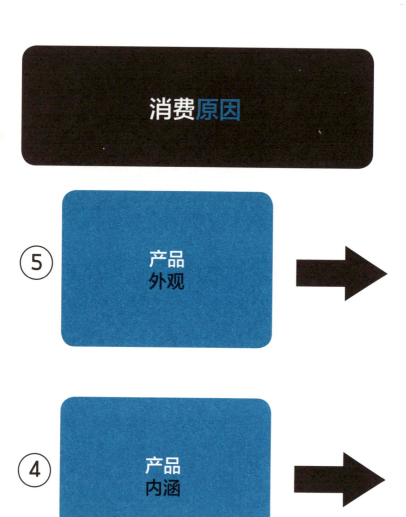

消费原因

⑤ 产品
外观

④ 产品
内涵

消费原因

　　包装精致的产品就像一位穿着有品位的女性，它能激起顾客的兴趣和购买欲。目标消费者第一眼注意到的，就是产品外观。

　　产品成功吸引目标消费者的注意力后，就该产品内涵发挥作用了。首先，目标消费者会进一步了解该产品，判断它是否物有所值。若另一个品牌旗下也有相似的产品，那么消费者会在了解两者的基础上选择他们更青睐的那个，最终完成实际购买行为。

消费者购买产品的理由

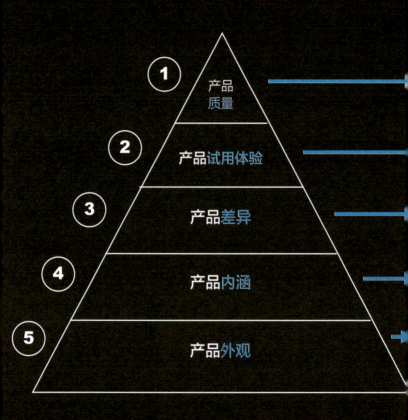

① 产品质量

② 产品试用体验

③ 产品差异

④ 产品内涵

⑤ 产品外观

营销策略

产品质量
① 消费者在试用过某产品后，如果感到满意，
就会毫不犹豫地买下它

产品试用体验
② 有兴趣才会试用，
试用过才会购买

产品差异
③ 消费者选择本品牌而非其他
品牌的原因

产品内涵
④ 营销师要尽可能在最短的时间内
介绍完产品内涵

产品外观
⑤ 产品给消费者的第一印象非常重要。如果消费者对某产
品第一印象良好，那么就会将其纳入购买的考虑范围

消费原因

③ 产品差异 →

② 产品试用体验 →

消费原因

　　有时消费者选择购买某产品，是因为该产品有与众不同之处。如果产品在好的方面有独特之处，营销师就可以指明这一点，并且让消费者相信该产品优于竞争对手的产品。

　　消费者若选择试用产品，则释放出一个信号：他马上就要做出购买决定了。消费者若是对产品没兴趣，就不会浪费时间试用产品了。产品试用能让消费者对产品更有信任感，也能让他们觉得自己肯定不会为买下这个产品而感到后悔。

营销知识

消费原因

产品质量

①

消费原因

消费者是否决定购买某产品的重要影响因素之一就是产品质量。

消费者被产品外观吸引之后，会进一步了解这个产品，然后货比三家，开始试用各个产品。如果产品试用效果不佳，消费者就会打消购买的念头。有些产品进行了铺天盖地的宣传，实际使用效果却与宣传的效果大相径庭。这导致很多消费者对产品质量存疑，所以在购买时再三犹豫。

4

"吸睛"
——产品推广成功与否的评估标准

"吸睛"一词可以被用来代指推广评估和营销传播，因为这两者的实际目的正是"吸引目标群体的眼球"。

推广投放渠道不同，推广费用也不同。微信的用户更多，可能面向远不止100万户。所以，投放微信朋友圈广告的费用相对较高。

微博博主广告推广的费用取决于博主的粉丝数量和账号的信誉度。粉丝数量越多，广告被传播的概率越高，信誉度越高，博主发布的广告被粉丝采纳的可能性越大。

微信

在全球，微信用户数量超过了11亿。

微博

在中国，微博用户数量超过了3.5亿。

今日头条

在全球，今日头条用户数量超6亿。

快手

在中国，快手用户数量超4亿。

5

每次点击付费（CPC）和千人成本（CPM）

　　网络推广费用的计算方式与其他广告投放方式不同（如杂志广告），它主要依赖可统计的目标受众数量。也就是说，网络营销商提供的数据可以直观呈现出有多少目标客户收到了线上推广。网站可以计算广告的点击量，甚至可以计算推广文字的阅读量。例如，微博就支持推广方按年龄、性别、爱好及其他标准筛选目标客户，从而精准投放广告。推广方可以选择每次点击付费（Cost Per Clik，缩写为CPC）、千人成本（Cost Per Mille，缩写为CPM）广告推广付费等付款方式。

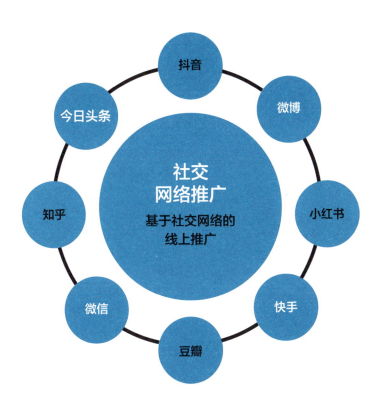

抖音

微博

今日头条

小红书

社交
网络推广

基于社交网络的
线上推广

知乎

微信

快手

豆瓣

每次点击付费（CPC）和
千人成本（CPM）。

营销
分类

如何制订

营销计划？

在国际范围内营销

在某国家范围内营销

在地区范围内营销

有选择地进行营销

非公开
营销

全球营销

国家营销

地方营销

分类营销

个体营销

个体营销	以非公开的形式营销
分类营销	有选择地进行营销
地方营销	在地区范围内营销
国家营销	在某国家范围内营销
全球营销	在国际范围内营销

营销分类

6 个体营销

每个个体都有自己的个性，彼此之间不尽相同，了解这一点是让推广更有针对性的前提。一个在泰国电视节目的黄金时段播出的广告，其投放可以覆盖到1000多万个家庭，但若同一个广告在某个工作日的下午时段播出，其投放却只能覆盖到150万个家庭，而且观众大部分是家庭主妇。

营销师应始终牢记一点：在所有目标受众中，每个个体的生活方式和行为都是不同的，不同的推广渠道（如电视台、杂志和互联网）作用在不同个体上的效果也是不同的。

个人生活方式

个人偏好

电影	这位被选中的目标受众看电影吗？如果看的话，他喜欢看什么类型的电影？
游戏	他用智能手机玩游戏，还是用微软第一代游戏机（Xbox）玩游戏？
爱好	他是更喜欢做饭，还是更喜欢旅游？
杂志	他更偏好什么类型的杂志？
美食	他喜欢吃哪种食物？他更喜欢在何时何地就餐呢？
购物	他一般去哪里购物？消费水平怎么样？

潜在营销

个体营销

营销师需关注目标个体的

生活方式，

即生活方式营销。

每个人的生活方式不同。

以前营销师们推销高尔夫用品时，

符合以下两个要求的人才会被选为目标受众：

第一，月薪高于5000美元；

第二，热爱打高尔夫球。

这就是高尔夫用品的推广渠道非常受限的原因。

所以，营销结果不尽如人意。

这是因为只有30%

打高尔夫球的人每月收入超过5000美元；

也就是说，剩下的70%月收入不足5000美元。

这就是个体营销的

失败案例。

失败的主要原因是：时代不同，

人们的生活方式也发生了改变。

每月收入高于5000美元的人

可能不喜欢打高尔夫球，

而是喜欢旅行、远足或踢足球。

真正优秀的营销师会

首先了解目标受众的

新生活方式，

再进行营销和推广。

7 分类营销

跑马拉松的人会一起练习跑马拉松。

赛车手们经常在赛道上见面。

打羽毛球的人会去羽毛球场练习。

赌徒们总在赌场里遇见。

工作狂总是在看商业新闻。

关心天下大事的人会看报纸、看电视新闻、听收音机。

所以，如果你想接触某个群体，首先要知道这个群体的人都在干什么。

分类营销

抖音　在全球，抖音活跃用户数量超过5亿。

知乎　在中国，知乎注册用户数量超过2亿。

小红书　在全球，小红书注册用户数量超过2.5亿。

豆瓣　在中国，豆瓣注册用户数量超过1.6亿。

个体
营销

个体营销是指基于个体的营销策略。
这种营销是为个体消费者量身打造的，
目的是增强目标个体和品牌之间的联系。
例如，向被选定的目标个体寄送生日卡，
或者发送提供特别折扣的电子邮件。

地方
营销

地方营销是指在某一地区实行的营销策略。
仅在大城市有售的产品，
不必为其在全国性的媒体上进行广告推广，
因为这只会徒增广告费用，
不会多带来任何收益。
同理，针对仅开在大城市的餐厅，
只在当地的媒体上登广告就可以了。

但开在大城市的酒店却需要
在全国性的媒介上刊登广告。
因为大城市的当地人都有自己的住所，
在酒店过夜并非其硬需求。
而且，酒店的潜在客户正是
来自其他地方的旅客。

企业营销的方方面面都应根据
该企业的目标客户群体而定。

8 地方营销

因为生活在不同城镇、城市或地区的人有不同的生活方式，所以生活在不同地区的消费者有不同的特点。

罗马、巴黎、法兰克福、伦敦、巴塞罗那和阿姆斯特丹等既是著名的欧洲城市，也是世界上较为热门的旅游景点。

而对于企业来说，开在热门旅游城市意味着可处于更好的经济水平和利用大量游客资源。所以，这些企业要想以省级地区人群作为营销目标，首先要想清楚其营销重点目标是游客还是当地人。

目标首先要选对，然后再制订合适的营销预算计划。

地方营销
（即省级营销）

活动	在不同的地区、城市的当地人和游客参加不同的活动。
衣着	纽约或芝加哥生产的衣服，与佛罗里达生产的不同。
美食	你能在意大利的不同地方，尝到口味不同的意大利面。
文化	生活在德里（Delhi）[1]和金奈（Chennai）[2]的人们有不同的传统和信仰。
风格	俄罗斯横跨九个时区，每个时区都各有风格。
语言	在英国，英式英语是本国通用语，但英国的不同地区也各有其方言。

---

[1] 德里，英文名称为Delhi，是印度的一座城市。——译者注
[2] 金奈，英文名称为Chennai，是印度的一座城市。——译者注

9 国家营销

对于已达三亿多的美国人口，如何成功实现"国家营销"？

如何令产品营销覆盖全美国，覆盖其中每一个州？

如何完全覆盖这三亿多人，不分男女老少？

市场越广阔，人们的兴趣和生活方式就越多样，但营销师首先关注的仍应是大众群体。

针对在美国境内皆有销售的产品，可以做全国性的营销；产品广告可被投放在各地，或者投放至销量更高的地区。

国家营销

在一国范围内营销

杂志	广告推广的目标受众是游客,当地报纸和电台推广的目标受众是当地人。
食物	在西班牙的所有餐厅中,本国食客和外国食客的口味都会被照顾到。
旅行	外国游客会选择国际长途航空公司,而本国游客则会选择相对廉价的航空公司。
饮品	在法国,本地人更爱品尝红酒,而到法国的游客更爱喝啤酒。
电视	马来西亚本地电视台的目标受众是本地人,而有线电视的目标受众则是外国人。
运动	相较于篮球和冰球,足球在美国市场份额中的占比较小。

10 全球营销

全球畅销的小说：《哈利·波特》（Harry Potter）。

全球热映电影：《蜘蛛侠》（Spider Man）。

全球商业杂志：《经济学人》(The Economist)。

国际新闻频道：美国有线电视新闻网（CNN）。

世界流行冰激凌品牌：哈根达斯（Häagen-Dazs）。

全球知名汽水品牌：可口可乐（Coca-Cola）。

全球最知名的快餐连锁店：麦当劳（McDonald's）。

人人都爱用的智能手机：苹果手机（iPhone）。

全球营销

以全球所有人作为营销目标

英特尔 （intel）①	几乎每台计算机都需要英特尔生产的计算机芯片。
迪士尼 （Disney）	华特迪士尼公司旗下丰富多彩的主题公园是全世界的创意之源。
脸书 （Facebook）②	Face book使人们不受空间的限制，从此友谊不再受限于距离。
苹果 **公司**	苹果公司的产品使人们不受空间的限制，从此友谊不再受限于距离。
好莱坞 （Hollywood）	好莱坞为世界拍摄电影。
诺基亚 （Nokia）	诺基亚为推进世界无线化的手机公司。

---

① 英特尔（intel），美国一家以研制CPU为主的公司，是全球最大的计算机零件和CPU制造商。——译者注
② Facebook，美国的一个社交网络服务网站。——译者注

分类
营销

分类营销是指针对兴趣爱好
相同的消费者做营销。
例如，喜欢骑自行车的人能在骑车
活动中打上照面；经常在公园里跑步的人，
他们的生活方式也都更健康；
爱打高尔夫球的人
常去上相关的课，
或者去高尔夫练习场。

兴趣爱好明显的群体
更容易被锁定，营销
策略也更具有针对性。

全球
营销

全球营销是指针对全球的营销策略。
采取此策略的商品通常是国际级品牌，
如可口可乐、百事可乐、Apple（苹果）、宝马、
索尼、英特尔、微软、联合利华、宝洁、
劳力士、路易威登、麦当劳、
星巴克、肯德基等。

有些产品具有全世界范围内的普适性，
世界各地都有其目标受众，
这也是国际品牌的销量通常很高的原因。
正因如此，
这些品牌的营销师更应将质量把控的
重要性时刻铭记于心。

纵然品牌推广十分成功，
也会毁于某个质量不过关的产品。

营销
战略

什么是

营销战略呢?

11 市场领导者的先进思想

市场领导者的思维方式

有些产品在很长一段时间内引领市场，并成为畅销排行榜第一名的产品；有些产品占市场份额最多，最终也成了最畅销的产品。这两者通常有一个共同点，那就是它们的**营销都颇具创意性**。

有些食品不一定最好吃，但市场份额占得最多。

有些银行客户很多，有些银行客户却很少。

这是为什么呢？其实原因并没有什么特别之处，不过是因为客户多的银行聘请了更**优秀的营销师**。

"**优秀的营销师**" = "**聪明的营销师**"，高昂的营销费总会物有所值。

以下几家公司的营销师都是业内的佼佼者，接下来，让我们仔细研究一下他们的营销风格。

法国电信 ＋ O2（西班牙电信英国公司）＋ Vodafone LSE（沃达丰）＋ 百威啤酒 ＋ 喜力 ＋ 梅赛德斯-奔驰 ＋ 阿迪达斯 ＋ 耐克 ＋ 联合利华 ＋ 保洁 ＋ 沃尔玛 ＋ Tesco（特易购）＋ 7-11便利店 ＋ 红牛 ＋ Apple（苹果）

三星+诺基亚+黑莓+HTC公司+美国通用电气公司+维珍集团+花旗银行+Visa（维萨）+万事达信用卡公司+波音公司+哈罗兹百货公司+空中客车公司＋英国航空公司＋阿联酋航空公司+汉堡王＋肯德基＋赛百味＋ZARA（飒拉）＋H&M集团＋优衣库+尼康＋佳能＋索尼。

12 创意集锦

在平日里，不从事营销行业的人可能会放空头脑，但营销师总是思绪万千。

营销师点子的迸发

人只要发挥长处，就能把事情做好。

一个在绿茵场上踢球的业余球员，能和一个在足球俱乐部的身价不菲的职业球员踢得一样好。

但营销师们却常苦于无法在自己擅长的领域内一展拳脚，他们的"手脚"总被种种原因所束缚，无法为自己的表现"加分"。

创意集锦

点子的迸发

独一无二　　　遵循形式

13 营销策略

营销策略的定义

营销策略是企业以消费者需求为出发点，根据经验获得消费者需求量及购买力的信息、商业界的期望值，有计划地组织各项经营活动，通过相互协调一致的产品策略、价格策略、渠道策略和促销策略，为消费者提供满意的商品和服务而实现企业目标的过程。

营销策略的方向

任何一个营销策略的成功实施都需要营销师做好精心的准备。营销策略的方向规划首先取决于品牌定位。品牌面向的消费者对象确定了营销策略的规划方向。

线上营销

目前，随着科技的进步，越来越多的人做起了线上营销。新兴线上营销方式不断出现，举例如下。

自媒体平台营销：利用头条号、百家号、搜狐号、大鱼号、公众号的平台做营销推广。

社区平台营销：利用微信群、QQ群做营销推广。

博客营销：博客可以带来非常多的流量。

线下营销

线下营销是相对于线上营销而言的，主要是针对目标市场的小众群体。

线下营销包括店面管理、促销活动、会议会展等。

品牌标识
品牌战略
营销
策略

营销活动
营销方案
品牌特色

品牌
形象

营销传播
营销点子

营销方向

营销策略

在线下实施

品牌战略

在线上

搭建营销网络

营销策略

品牌标识

品牌战略

营销策略

营销方向

营销方向就像一位向导，

带领我们向目的地前行。

我们首先要明晰营销的方向，

然后走上通往营销目的地之路。

营销策略

品牌定位决定营销策略的规划方向。
这一品牌是面向老客户
还是面向新客户?

新产品应当注重提升品牌知名度,
从而吸引其他品牌的用户;
也就是利用品牌再认度来打造品牌忠诚度。
这样一来,
用户就不会流失掉了。

以上内容属于营销
方向规划。

品牌战略

最高指挥官在开始实际作战行动之前，
要先将所有作战策略制定完毕。
比如：采取何种策略进攻，
水上攻击、火力攻击还是依靠军队
的人力进攻。

品牌战略必须被制定得无懈可击。
因为若品牌战略发生变化，
可能会使消费者感到困惑，
进而对品牌失去信心。

品牌标识

若市面上已经有很多同类产品，营销师就需要为
品牌打造出独一无二的特点，令品牌与众不同、
脱颖而出。品牌定位找准后，营销师就要开始将产品
信息传递给目标消费者。消费者获取了产品信息，
对品牌有了印象之后，营销才有可能有所收益。

目标消费者越是意识到品牌的独特性，
品牌就越受欢迎。

各种洗发水基本上都大同小异，
所以洗发水品牌就需要凸显自己的独特之处。
所有品牌的饮用水都是干净的，
所以这就不能成为某一品牌饮用水的独特之处。
营销师要做的是让品牌在竞争中脱颖而出，
被消费者选中。

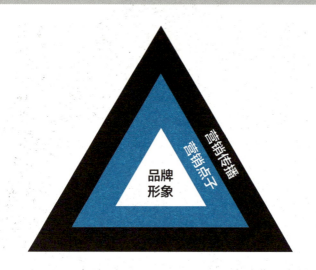

营销传播

营销点子

品牌
形象

营销传播

从营销的角度来看，营销师要尽可能地提高品牌在各种媒体上的曝光率，如今日头条、微博、快手等，这样才能塑造出杰出的品牌形象，并打造出品牌个性，从而在消费者脑海中留下完美的品牌印象。

品牌形象
即消费者对品牌的看法和印象

品牌形象塑造可以让消费者觉得
品牌是有灵魂的。在消费者眼中，
一辆车可以是豪华轿车、家庭轿车或是出租车；
这完全取决于该品牌的形象是如何被解读的。

大多数人都认为澳大利亚的户外活动
丰富多彩且十分有趣；澳大利亚人，
不论男女都很热衷于体育运动。

这就是澳大利亚的品牌形象。

营销战略

营销点子

市场营销中的创意

如何在保持正确营销方向的前提下,
找到新营销角度,
并且不抄袭别人的想法?
如何找到你独有的、
先进、体面且有创意的营销新方向?

将营销方面的新想法传递给
目标消费群体,他们的
反馈很有建设性意义。

但目标消费群体的日常生活几乎一成不变,
受限于这一日常习惯和行为,
他们有时很难接触到那些十分独特的想法。
但他们一旦接受了这类想法,
就会将其融入他们的
日常生活中。

营销传播
市场营销的传播方式

向目标消费群体进行品牌传播可以提高品牌知名度，
可以在产生实际销量前提升营销效果，
还可以增强客户的品牌忠诚度。

营销传播可以借助电视广告、广告牌、
杂志专访、电台插播广告、宣传册和说明书等
不同的媒体渠道。但需要注意，
广告的投放渠道可以不同，
但塑造的品牌形象应当一致。

如果你想强调产品产自日本，
那么所有的广告都应该走"日本风"，
其中最好不掺杂"中国风"或
"欧式风"。

营销活动

营销方案

品牌
特色

营销活动

　　优秀的营销师需知如何打造营销活动。营销活动不仅可以让目标消费者知道品牌的存在，更可以让他们进一步了解该品牌。消费者如果可以与品牌方交流接触，或者试用品牌的产品，将有助于打造品牌和消费者之间更为强韧的纽带。

品牌特色

品牌的"人格魅力"

打造品牌特色就像画人物像。

你想让这个人看起来强壮魁梧

还是娇柔羸弱？

你想让这个品牌看起来蕴含年轻活力

还是古色古香？

品牌应当有持续稳定的定位。

它是女性还是男性？

是学生还是运动员？

是健康活泼的，还是搞笑幽默的？

这取决于营销师想打造怎样的品牌形象。

让目标消费者先了解品牌特色，

产品销量就不愁不会增加了。

营销方案
先确定营销活动的主题

营销方案是营销活动的蓝图。
比如，鼓励人们戒烟的营销方案就可以
被称为"戒烟战役"。

先确定主题，
下一步就该着手规划具体营销活动。
比如，
向大学生和初高中学生讲授吸烟的危害，
因为这个年龄段的孩子往往对香烟充满好奇。

在一些特定地点
（如医院、卖香烟的商铺），
宣传吸烟的危害。

营销活动

在营销过程中举办的活动

在营销活动中，
目标消费者可以真正地接触和了解产品，
而不仅仅是在电视上看到、
在电台听到或是在报纸上读到。

例如，分发产品的免费试用装就属于营销活动。
厂家首先针对消费者改进产品配方，
然后将产品试用装分赠给消费者，
让他们自行试用。
将新上市的卫生巾体验装分赠给女性消费者；
将添加了维生素E的润肤露的试用装
分赠给消费者；请消费者试喝
新款速溶咖啡。如果消费者的
产品试用体验好，就会前往
附近的商店购买该产品。

线上营销

线上营销是指通过媒体渠道做营销。

比如，将广告投放在今日头条、微博、快手、

知乎、小红书上，

从而向消费者传递有关企业的信息。

媒体发布（PR）意为借媒体传播新闻或信息。

媒体发布可以让目标受众了解产品进展，

也允许目标受众获取其他信息。

消费者脑海中对某产品的所有印象

都是营销师的手笔。

同时，

若营销师塑造了积极的品牌形象，

消费者就会心甘情愿地

掏钱进行购买。

线下营销

线下营销是营销活动中的一类。
如果目标群体是大学生，
那么相应的线下营销就应当在大学校园中开展。

但若目标群体是幼儿园里的幼儿，
相应的营销活动应当在幼儿父母在场时开展，
因为幼儿没有购买力，他们的父母才有。
若你想推销一种有助于提高孩子智商的谷类食品，
就应该在学校里举办与智商有关的活动，
并在活动期间分发这种谷类食品的试用装。

若你想推销女性用品，
就应在购物区内举办活动，
比如大型商场。

14 品牌战略

如何让消费者记住品牌

要想打造品牌知名度，或者让消费者了解某个品牌，可以从很多方面入手。

若目标消费群体没听说过某品牌，那么购买该品牌的产品就无从谈起。

假设目标消费群体听说过该品牌，但觉得该品牌产品性价比不高，他们仍然不会购买该产品。

品牌战略就是为品牌打造令人印象深刻的形象。

每一位营销师都应将以下四个营销方向铭记于心：
1）品牌发展方向。
2）品牌定位。
3）品牌标识。
4）品牌传播。

品牌战略
营销方向

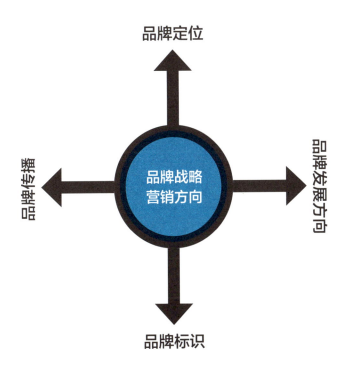

品牌定位

品牌发展方向

品牌创始人

品牌战略
营销方向

品牌标识

品牌战略

品牌再认度

品牌忠诚度

品牌策略

品牌知名度

产品创新

营销活动

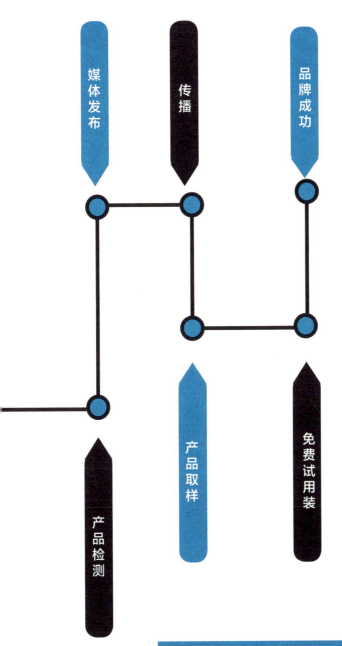

媒体发布

传播

品牌成功

产品检测

产品取样

免费试用装

品牌标识

　　每种产品都应有自己的特色，这是区别于其他产品的地方。如果没有，就该立即着手塑造其特色。

　　童话里邪恶巫婆的特点是**黑魔法和诅咒**。

　　公主的特点是**美貌和善良**。

　　白马王子的特点是**勇敢**。

　　品牌标识可以凸显品牌特色，也可以使消费者深入了解某一品牌的内涵。

　　即使某一品牌或某一产品想要改变发展方向，其品牌标识也应保持不变。

品牌标识

独一无二　　　　　　　遵循形式

营销战略

企业社会责任

（CSR）

来自企业外部环境需要

承担企业社会责任也是一种展现企业
人文关怀文化的营销活动。

有时企业会帮扶一些特殊群体，
但不多时，
此类善举就会登上报纸或电视报道的头条。
对此，你大可不必感到诧异，
因为这是一种市场营销活动。
企业行此举是为了展现其对社会的人文关怀精神，
从而提高社会声誉。

消费者也会下意识地认为，
他们买下的产品来自一家真正懂得
回馈社会的企业，
从而感觉他们也正与该企业
一起回馈着社会。

客户关系管理

（CRM）

来自企业内部需要

这是一种可以提升客户舒适感的方式。客户关系管理不是什么新鲜概念了，许多企业已在这方面做了很多尝试。在过去，当顾客坐在某家咖啡店里喝咖啡时，咖啡店的店主可能会突然出现，与顾客畅聊一番之后，他们可能就成了彼此的朋友；这就为客户创造了更舒适的环境。当顾客走进一家餐厅或商店时，他们渴望获得这种舒适感。

现代零售商店却逐渐忘记了客户关系管理的重要性，这导致顾客与店铺之间的联系减弱，从而转向其他品牌。如果不关注客户关系管理，顾客和商铺之间就毫无联系可言；许多顾客就会转而购买其他品牌的产品。

那些将客户关系管理纳入其总体战略规划的企业，势必能争取到更多的市场份额。

品牌
特 色

超模=可爱+高挑+时尚。
好女孩=甜美+真诚+漂亮。
职场女孩=性感+美丽+大方。

消费者在决定购买产品之前，产品在消费者脑海中都会产生一些印象，就如上面我们对其他人的不同印象。

如果某个产品的目标消费群体是青少年，而产品却有个过时的名字，那么其销量一定不佳。

如果某产品的目标消费群体是老年人，广告配乐却是说唱音乐，那么销量也一定不佳。

以上几例中，没有正确把握目标消费群体所期望的产品特色，因此消费者无法建立自己与产品之间的联系。如果消费者对产品特色产生了错误理解，他们就不会购买该产品。

品牌
特色

即品牌的"个性"

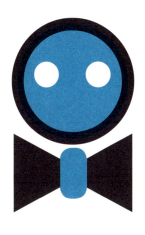

要想打造完美形象，
就要恰到好处地装点配饰。

什么是

差异化营销？

15

知名品牌营销

受欢迎的品牌 + 现象级品牌。

经济实力更强 + 人脉更广 + 产品可靠。

路易·威登（Louis Vuitton）已经有160多年的历史了。

乔治·阿玛尼（Giorgio Armani）的设计品总数已超过22000件。

阿迪达斯（Adidas）从1920年就开始生产运动鞋。

彪马（Puma）从1948年就开始生产运动产品。

联邦快递公司（FedEx）斥巨资制作电影《荒岛余生》（《Cast Away》），汤姆·汉克斯（Tom Hanks）在片中饰演一名独身一人被困在荒岛上的联邦快递员。

阿贾克斯·阿姆斯特丹足球俱乐部（Amsterdamsche Football Club Ajax）自1900年以来一直是荷兰的顶级足球俱乐部。

一流品牌
营销

战略性
营销

16 冷门品牌营销

与知名品牌相对的就是**冷门品牌**。一些刚刚问世的品牌由于投资实力弱、问世时间短且知名度较低，也被归入冷门品牌之列。这些冷门品牌要想变成知名品牌，就必须要找到适合自己的**进攻性战略。企业和品牌初创之际**必定有诸多劣势，会不可避免地成为冷门品牌。

大多数**冷门品牌**常会采取**降低产品价格**的策略。降价策略会让该行业进入"低利润"阶段，不论是知名品牌还是冷门品牌，都会受影响。

大品牌

大品牌战略

A

知名品牌
营销

营销策略

冷门品牌
营销

小品牌战略

Z

小品牌
规模较小 + 问世较晚的品牌

知名品牌
大品牌

经济实力强

成立时间久

知名度高

产品价格高

利润高

投资资金多

广告多

冷门品牌
小品牌

经济实力弱

成立时间短

知名度低

产品价格低

利润低

投资资金少

广告少

知名**品牌**
大品牌战略

大众市场

有些产品，

如饮用水、食品和服装，

它们的目标消费群体很大。

某些类型的产品，

人们倾向于拥有多件，

如上衣、裤子、内衣、运动鞋。

有些产品首先创立了品牌，

并成为市场的先驱者。

这正是一些知名老品牌的品牌历史。

大卫·贝克汉姆（David Beckham）是阿迪达斯的终身代言人。

最近，巴塞罗那俱乐部的利昂内尔·梅西（Lionel Messi）也受

聘成为阿迪达斯的新代言人。

利基市场

针对利基目标群体，

应选择现代品牌战略作为目标市场的营销策略。

优秀的营销师可以根据产品进行目标群体的侧写。

比如，关于远足、跑步、篮球、棒球、曲棍球、足球、

游泳产品的目标客户群体一定是热爱运动的人。

以职业为依据确定目标市场，

目标群体从事什么工作？

是商人、经济学家、公务员、建筑师、家庭主妇，

或是学生？

以地区为依据确定目标市场，

目标市场位于英国的伦敦、伯明翰吗？

或是位于利兹、利物浦、曼彻斯特之类的北方城市？

抑或是位于南海岸？

17 快速消费品

以销量为衡量标准（日销量或月销量）：

英式早餐茶	=	快速消费品（以下简称"快消品"）
草本饮料	=	**慢速消费品**（以下简称"慢消品"）
饮用水	=	快消品
咖啡	=	快消品
苏打水	=	快消品
面巾纸	=	快消品
A4纸	=	快消品

快速 消费品	慢速 消费品
卖得快	卖得慢
销量高	销量低
市场大	市场小
市场广阔	市场狭窄
有很多目标消费群体	只有利基目标消费群体
用户多	用户少
流行	不流行
消费者愿意支付	消费者不愿意支付

18 慢速消费品

以销量为衡量标准（参照其他产品销量）：

汉堡	=	快消品
草本食品	=	**慢消品**
蔬菜	=	快消品
鱼子酱	=	**慢消品**
啤酒	=	快消品
威士忌	=	快消品

快速消费品	慢速消费品
肉排	黑布丁香肠
咖啡	草本饮料
方便面	摩托艇
能量饮料	豪华轿车
面巾纸	鱼子酱
卫生巾	秘鲁炒饭
苏打水	猪大肠
流行小报	浴室设计手册

快速
消费品

畅销 + 易卖

**食品 + 饮料 + 牛奶 + 咖啡 + 超市商品 + 纸巾 +
牙膏 + A4纸 + 肥皂**

日常生活所需的生活用品消耗量大,
很快就会被用完,
所以消费者会更频繁地购买此类产品。

因为市场竞争激烈,
所以日用品的价格不高,利润也不高。
这类产品如果利润较高,就会有其他竞争对手
进入市场,并抢占市场份额。
这类产品的特点是竞争激烈,
销售量大,利润少。
提高销量需要花费更多的
营销费用。

慢速
消费品

慢速流通的产品（人们偶尔才购买一次）
床＋家具＋沙发＋冰箱＋书桌＋电视

此类产品的购买频率与产品质量无关。
人们购买电视时，
通常希望其使用寿命高于五年，
甚至达到十年。同时，人们购入新床时，
也希望它的使用寿命能在十年以上。
而且如果产品不出问题，
人们通常不会考虑换新的。

商品的卖方和营销师不仅需要了解目标群体，
还要知道他们的目标群体所在的具体位置。
他们需要找到有购买动机的目标群体。
比如，刚买了新房子或
新公寓的人，就有购买
家具的需求。

锐意进取的
品牌

如何看待

锐意进取的

品牌？

19 主品牌

一些品牌的公司旗下可能经营着几项业务；**主品牌**下的子品牌常以公司名做**前缀**。

比如，**维珍集团**（Virgin Group）是**理查德·布兰森**（Richard Branson）一手创建的帝国集团，其业务范围包括航空、广播、广告、葡萄酒、通信和金融等领域。

目前，世界上有大约四百个品牌的**前缀是**"维珍"，维珍也因此家喻户晓。

主品牌

维珍集团
（Virgin Group）

子品牌

维珍大西洋航空公司
（Virgin Atlantic Airways）

维珍西班牙健身俱乐部
（Virgin Active Spain）

维珍法国移动公司
（Virgin Mobile France）

维珍财富澳大利亚公司
（Virgin Money Australia）

维珍绿色基金
（Virgin Green Fund）

20

子品牌
（分公司）

想让品牌变得更加强大，就要培育**"品牌树"**，或者**开拓其他业务**。以下是某饮料品牌扩张的案例。

如果想在现有生产线上开拓**果汁**生产业务，首先需要考虑向果汁中添加何种特殊的营养成分。如果决定提升果汁中的维生素含量，那么这种新果汁将成为一种**"美容饮料"**，因为它能使饮用者变得更美丽，皮肤变得更光洁。

如此一来，一个新的**子品牌**就诞生了。公司的全部销售额中，主品牌的销售额占90%，其中一个**子品牌**的销售额占5%，另一个咖啡制造子品牌的销售额也占5%。**子品牌**越多，企业就越容易扩张。

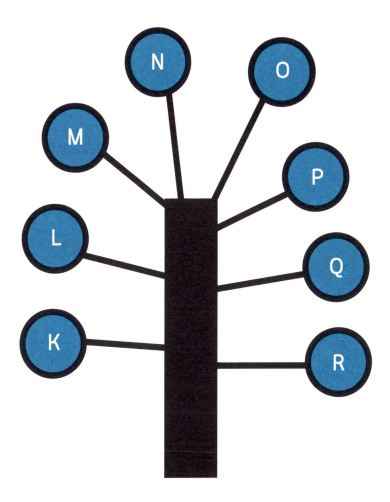

品牌树

21 品牌动力

品牌动力带来营销的连续性。

把篮球重重砸向地板，这一动作所带来的动力能让球反弹十次以上，一份营销计划的作用大抵也是这样。

第一份营销计划越成功，其持续时间就越久，营销师的收益就越高。这就好比投掷篮球时用的力气越大，篮球就投得越远。所以，只有营销计划持续发挥作用，营销师才能收获最佳的营销效果。

品牌动力

推动力

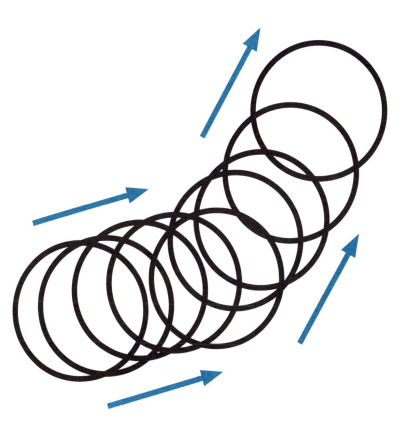

22 竞争型品牌

竞争型品牌是指相互之间竞争的同一类型产品品牌。

根据拳击手的体重差别，职业拳击有不同的重量级别划分：重量级、羽量级和轻量级。这是因为拳击手体重越重，出拳力度也就越大。

泰国有两个主要啤酒品牌：胜狮啤酒（Singha Beer）和泰象啤酒（CHANG beer）。前者是泰国的顶级啤酒品牌，而后者是较为低廉的品牌。目前，泰象啤酒对胜狮啤酒的地位构成了威胁。

迫于竞争压力，胜狮啤酒旗下的豹王啤酒（LEO Beer）应运而生；该品牌的产品价格与泰象啤酒相当。这样一来，胜狮啤酒就无须降低原本产品的价格，也能与泰象啤酒争夺市场了。

竞争型品牌

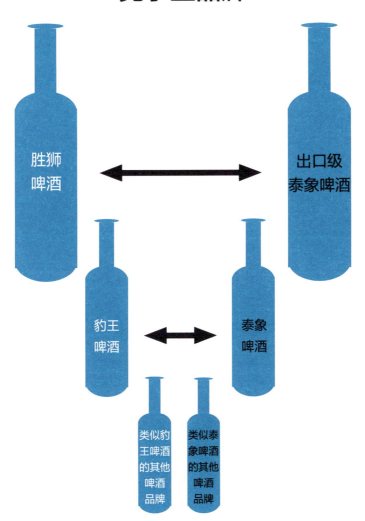

23 保守型品牌

保守型品牌是典型的"图书管理员式"品牌。

有些产品在推广上的花费甚少，原因有以下几种：

1）这些产品已经在市面上很受欢迎。

2）为了维持产品的低成本。

3）领导者对推广成功的信心不足。

止步不前的品牌，最终一定会被有优秀营销师规划的品牌远远甩在后面。比如，诺基亚，它曾是手机市场的领头羊，却错失了推出智能手机的良机；而三星、苹果、宏达等其他竞争对手则制订了**周密的营销计划**，抢占了诺基亚的市场份额。

保守型
品牌

品牌无趣 +
不引人注目 + 无亮点可言

24 品牌重塑

（新形象）

品牌重塑可以让品牌焕然一新。

有些产品需要**改善其外观**，变得更前卫、更时髦一些。以一家高级餐厅为例，这家餐厅已开张了十多年，但目前它想重塑品牌，这是因为它的目标群体相较于以前更年轻、更前卫，它需要适应这一变化，才能与其他餐厅竞争。

鞋履品牌必须与时俱进，设计时尚的外观，才能吸引年轻人。一个女孩成长为女性的过程中，所经历的由慢到快的个性变化就与品牌重塑十分相似。

品牌重塑

旧貌	新颜

身体组织可以将一些食品中的物质转化为额外的维生素C，人的外貌就会得到很明显的改善。同理，品牌新形象可以与之前逆辙而行，并使它变得更时尚。

这就是品牌重塑。

25 品牌间的对决

品牌间的对决也遵循着达尔文进化论（狮子对决老虎 + 公牛对决犀牛）。

巨头品牌在做市场营销时，彼此之间很可能会起摩擦。这时其他小品牌就会选择退后一步，让大品牌们一较高下。

在电信行业，4G技术和无线宽带网（Wi-Fi）的竞争就很激烈，它们常就信号强度和促销力度展开竞争。

英国的几家超市巨头为了争夺顾客资源，总是不断推出促销活动，其中包括特易购（Tesco）、阿斯达（Asda）和塞恩斯伯里（Sains bury's）。这时，行业内的一些规模较小的零售商就会冷眼旁观巨头争斗，比如奥乐齐（Aldi）和利德尔（Lidl）。

达尔文进化论

　　自然选择现象说明，最终能生存下去的，必然是最强的。自然选择现象也适用于品牌竞争。例如，金丝燕窝或功能性食品不同品牌的竞争中，能生存下去的，一定就是最强的。这就是品牌之间你死我活的对决。

活跃的品牌

人们眼中，
品牌竞争已是屡见不鲜。

竞争型品牌 + 对决品牌

它们都有十分相似的内涵，
那就是继续战斗、不要放弃。
有一点营销师必须铭记在心，
那就是要把握全局，不拘泥于"辞藻"；
因为社会不是学校，没有教授给你打分。

所以，营销师只需知道如何在
竞争中利用营销策略取胜，
并依时依势改变策略，
那么就可以算得上是
现实意义上，而非理论
意义上的"有才华"了。

沉寂的品牌

懒惰的品牌

过去，保守型品牌是市场的主力军。
它们对营销一无所知，
或在投资时摇摆不定，
抑或是没有优秀营销师做顾问。

制定了优秀战略的新品牌常会一骑绝尘，
把停滞不前的品牌甩在后面。
新品牌弯道超车，
会比老品牌更先到达胜利的终点。

至于有些产品，
其目标消费群体小、销量低，
就无须在营销上投资太多了。

营销
实践

如何进行

营销实践？

26 生活方式营销

面向男性的产品（多数男性会购买以下几种产品）

体育杂志、《男人帮》杂志（FHM）、《马克西姆》杂志（Maxim）、立体音响、剃须刀、跑车、高尔夫、啤酒、伏特加……

面向女性的产品

洗漱用品、《时尚》杂志（Vogue）、《名利场》杂志（Vanity Fair）、化妆品、香水、内衣、高跟鞋、耳环、项链、戒指……

27 直接营销

直接营销概念

直接营销又称直复营销、直效营销、数据库营销。

直接营销就是直接让潜在客户或客户立即产生回应的营销，是指通过电子邮件、电台广播、报纸、杂志、互联网等开展营销活动，促使客户直接下订单，或者电话咨询，或者留下联系方式等，直接让客户采取某种行动的营销方式。

直接营销是最能够直接产生效果的营销方式。

直接营销类型

直接营销主要可以分为直接邮寄、目录营销、电话营销、互动电视、购物点营销及移动设备营销。

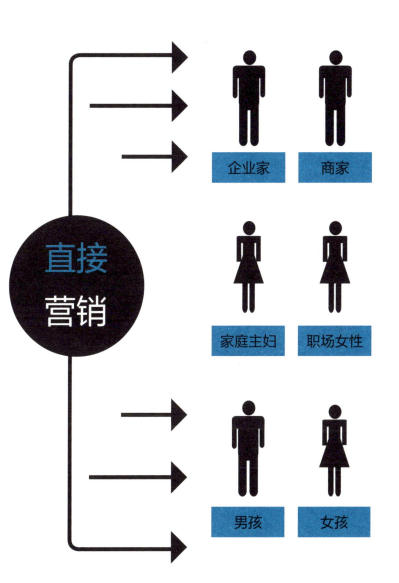

28 YouTube营销[1]

"十分钟内出名"的YouTube才艺秀

贾斯汀·比伯（Justin Bieber）凭借其歌舞天赋，成功地引起了一家唱片公司的注意。正是YouTube让比伯一炮而红，为他开辟了一条职业之路。

在上传到YouTube的英国《达人秀》节目中，全世界的人都可以看到胖乎乎的手机推销员**保罗·波茨**（Paul Potts）、47岁的**苏珊·博伊尔**（Susan Boyle）和6岁的**康妮·塔尔伯特**（Connie Talbot）的表演。

---

[1] YouTube，中文名称为油管，是一家视频网站。

观看
人数

视频

点赞
人数

音乐

分享
人数

游戏

关注
人数

表演

29 短信营销

企业可以通过发送手机短信来扩大自己的消费者群体。

如今，联系某人的途径早已不限于打电话一种。人与人之间可以发短信交流。同样，企业和个人之间也可以通过短信交流。企业可以通过移动通信系统发送短信，从而筛选目标群体。例如，有一场房地产销售活动在伦敦举行，在该活动方圆1公里范围内，所有西班牙电信英国公司（O2）①的用户都会收到活动促销短信。如此，将信息从企业传递到电信服务供应商的营销成本就产生了。

---

① 西班牙电信英国公司，通常称为O2，是英国第二大移动电信运营商。——译者注

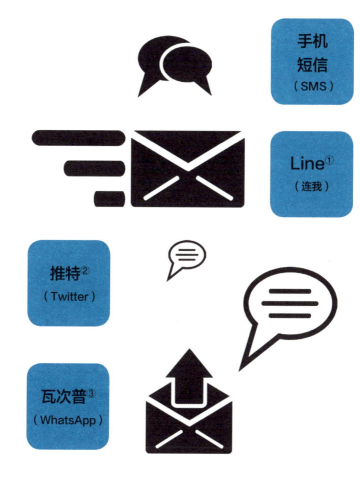

---

① Line，一款即时通信软件。——译者注
② 推特，美国一个在线社交网络服务和微博服务的网站。——译者注
③ 瓦次普，英文名称WhatsApp，用于智能手机之间通信的应用程序。——译者注

游戏营销

《愤怒的小鸟》（Angry Birds）是一款游戏，玩家在游戏中可以投掷小鸟炸弹。根据2013年的统计数据，《愤怒的小鸟》的游戏应用在全球的下载量超过5亿次。另一款游戏**《植物大战僵尸》**（Plant & Zombie）在推出9天内，下载量就已超过了30万次。

水果忍者（Fruit Ninja）在推出74天内下载量为约100万次，Instagram（照片墙）在推出100天内下载量为30万次。根据2013年的统计数据，照片墙平均每秒钟的图片上传量为12张，平均每分钟的图片上传量为720张。2012年，照片墙不过是个刚成立两年且仅有13名员工的公司，但因为它的走红，Facebook（脸书）最终斥资10亿美元将其收入麾下。

愤怒的
小鸟

我的
世界
（Mine Craft）

水果
忍者

坚守
阵地
（Field Runners）

植物
大战
僵尸

Instagram
（照片墙）

卡通
农场
（Hay Day）

切绳子
（Cut the Rope）

31 应用营销

创新以迎合消费者需求

新加坡航空公司：支持预订或购买机票。

天气频道：支持浏览世界各地的天气情况。

亚马逊（Amazon）[①]：一家线上书店。

美国有线电视新闻网：在智能手机上推送新闻。

无线电广播：可以用平板电脑收听广播。

阿迪达斯：代表运动鞋的最新潮流。

医院：在此可以获得所有与医疗有关的信息。

缤客（Booking）：用来定机票酒店的新软件。

猫途鹰（Trip Advisor）：餐厅、酒吧和旅行推荐。

---

① 亚马逊，英文名称Amazon，美国最大的一家网络电子商务
公司。——译者注

**伦敦
地图**
（London Map）

游客可以在该应用上浏览伦敦市的每一个角落和每一条道路，甚至伦敦地铁图。

**丹荣·皮昆
线上 书 店**
（Damrong Pinkoon）

丹荣·皮昆线上书店目前有超过50种泰文书籍在出售，还有20种英语、中文或日语译本。

**瑞斯特
健康**
（Rester Massage Chair）

瑞斯特按摩椅品牌的应用软件提供按摩椅相关的信息，还会推送健康资讯。

**世界
时钟**
（World Time）

使用此应用程序可以查看世界上所有城市的时间，如巴黎、纽约、伦敦、上海和曼谷。

**天气
频道**
（The Weather Channel）

使用此应用程序可以了解目的地的天气状况。如果出发地和目的地之间相距较远，两地的天气就可能非常不同。

32 戏剧性营销

要想让产品卖得出去，有时就得使用催泪战术。营销师要懂得激发目标消费群体的情感。营销师可以讲讲过去发生的伤心事、家里发生的故事、令人心碎的故事、爱情故事或其他故事，只要这些故事能让产品大卖就行。

让目标顾客全情投入到某个故事场景中，让他们的感情与故事情节的发展紧密相连，这样顾客就会产生共情，主动购买产品。

有些人不知如何在此时此刻施展自己的才华，

只能讲述自己过去的故事。

大多数人都非常友好、有同情心且理解他人，

所以给顾客讲讲伤心事，更有助于卖出东西。

这是一个小技巧，

也就是所谓的戏剧性营销。

33 历史底蕴营销

　　品牌要想脱颖而出，就要有自己独一无二的故事，方能彰显其特别之处。要么品牌创立史可以追溯到工业时代，要么就像伦敦的哈罗德百货（Harrods）一样，有着百年历史底蕴。

　　营销师可以着重强调企业的历史底蕴。比如，哈罗德百货是伦敦的第一家奢侈品商店，这正是吸引富人的关键点。企业越古老，人们就越好奇，他们总想了解这些企业的历史，也想知道它们是如何渡过危机并走到今天的。

历史久远的企业总是很有趣且富有传奇色彩。

34 警示性营销

有些营销师做营销时，喜欢警示他们的目标消费群体。他们总说，当心得病、当心心脏病发作或者当心中风。他们越是强调健康问题带来的危害，营销就越有成效。

为了吸引更多的人做身体检查，提醒人们当心癌症的警示广告海报经常被张贴在医院。这种广告海报上还经常写着"特价放送：最高1800美元，最低可至720美元"。此类策略还适用于安保系统的营销。

危险警告

35 音乐营销

品牌推广还可以利用音乐。有些电影在上映前，会先将原声配乐发布出来。这些音乐如果能够打动观众，就能增加电影票房。

电影上映后，配乐的原声唱片也会随之被发布出来。现代音乐行业偏好销售单曲或者迷你专辑（EP）；因为此类音乐的市场营销做起来容易，万一不流行的话，抗风险能力也比较强。此外，这种音乐往往不需要高额投资。

新型商业模式

音乐行业中有一个可掘金的市场，
那就是铃声和背景音乐的下载。

立即下载！

36 市场扩张

发展新客户

如果某产品在其目标消费群体内十分有名，企业就会认为没有必要再改进该产品了。但其实市场远比想象的更为广阔，还有很多潜在群体从未购买过该产品。这就是为什么营销人员必须扩大市场和消费者群体，鼓励新的消费者群体购买该产品。

例如，一位公寓房东在卖房子时，目标消费者既可以是年轻的工薪族，也可以是大学生或有小孩的父母，因为这些人都希望缩短公司或学校与家的距离。这样一来，营销师的目标消费群体就又多了两个。

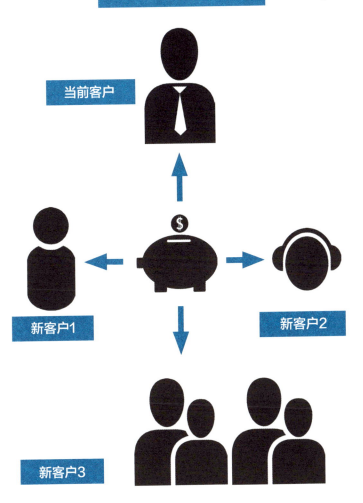

发展新客户

当前客户

新客户1

新客户2

新客户3

37 市场渗透

暹罗水泥集团（Siam Cement Group）是泰国最大的水泥公司，它生产的水泥主要销往房屋建筑行业。该集团很快就意识到，房屋建筑行业的消费者仍有其他购买需求，于是它新增了许多产品种类（如硅酮瓷砖、快干水泥、油漆、门窗、镜子、浴室设备、壁纸和许多其他产品），许多新产品的购买者仍是之前的老顾客。由此我们可以看出，如果我们能发现现有客户在其他方面的需求，那么增加产品种类、扩大销售就轻而易举了。

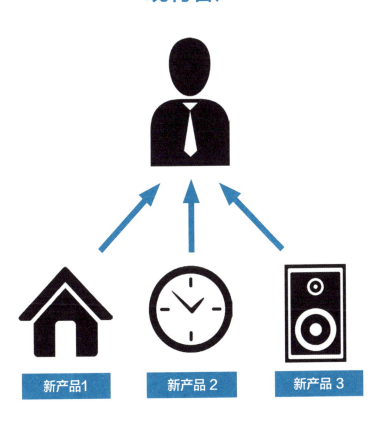

从上至下市场
渗透

现有客户

新产品1

新产品 2

新产品 3

营销师

需

聪敏决断

方能

高歌猛进

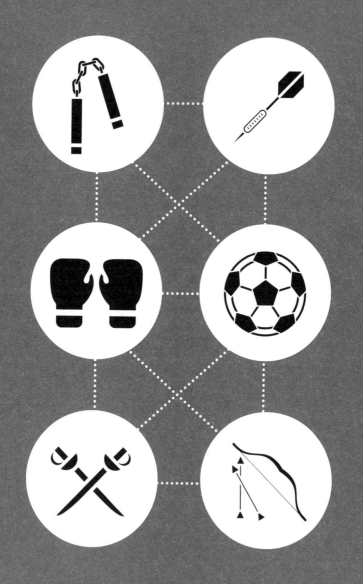

战者

需借刀戈

方能

屈人之兵